Achim Lerch

Motorradtour mit Epikur

Impressum:

© Achim Lerch 2009.
Umschlagfoto: Am Col de l'Iseran (Fotograf: Achim Lerch).

Herstellung und Verlag:
Books on Demand GmbH, Norderstedt.
ISBN 978-3-8391-2758-2

Die Deutsche Nationalbibliothek verzeichnet diese Publikation in der Deutschen Nationalbibliografie; detaillierte bibliografische Daten sind im Internet über dnb.d-nb.de abrufbar.

Inhalt

Prolog

Wir schreiben das Jahr 306 v. Chr., ein charismatischer junger Mann, 35 Jahre alt, mit lockigem, kräftigen Haar und ebensolchem Vollbart, hält in Athen Ausschau nach einem größeren Grundstück mit einem geräumigen Haus und einem ausgedehnten Garten. Als er schließlich im Bezirk Melite, zwischen dem Marktplatz und dem Hafen von Piräus, fündig geworden und der Kauf abgewickelt ist, lässt er sich mit einer Schar von Freunden und Schülern auf diesem Grundstück nieder und lässt an seinem Eingang eine Inschrift anbringen:

„Hier wirst Du Dich wohlfühlen: Hier ist die Lust das höchste Gut"

Die Frauen und Männer (selbst Sklaven sind darunter!), die sich auf diesem Grundstück zusammenfinden (und schon bald im ganzen Land als „Philosophen des Gartens" bekannt sind), leben und philosophieren miteinander, freundschaftlich verbunden, und versuchen, den Lehren des Grundstückseigentümers folgend, die Furcht vor Göttern und Tod zu überwinden und ihr Lebensglück nicht im Jenseits, sondern im Diesseits zu finden.

Fast 2200 Jahre später, im Jahr 1885, überwindet ein anderer junger Mann seine Todesfurcht und bricht zur ersten Motorradfahrt der Weltgeschichte auf: Paul Daimler, der Sohn von Gottlieb Daimler, unternimmt eine drei Kilometer lange Probefahrt von Canstatt nach Untertürkheim mit dem Reitwagen, jenem kuriosen Gefährt, in das Gottlieb Daimler und Wilhelm Maybach nach einjähriger Tüftelei in einem Canstätter Gewächshaus ihre „Petroleum-Kraftmaschine" eingebaut hatten – die Geburtsstunde des Benzinmotors.

Und noch einmal ein knappes Jahrhundert später nimmt ein kleiner Junge von nicht einmal zehn Jahren, der weder von Epikur noch vom Reitwagen je gehört hat, zum ersten Mal auf dem Soziussitz eines Motorrades Platz und wird vom Vater eines Freundes eine Runde um den Block gefahren. Und erkennt in diesem Moment tief in seinem Inneren, dass der Gipfel der Lebenslust im Sattel eines Motorrades zu finden ist, mit weitreichenden Folgen für sein späteres Leben – und für dieses Buch, das sein Entstehen unter anderem jenen drei genannten Ereignissen zu verdanken hat, die doch zunächst scheinbar nichts miteinander zu tun haben.

Dieses Buch handelt also, wie der Titel verrät, gleichzeitig vom Motorradfahren und von den Lehren des griechischen Philosophen Epikur, ohne aber auch nur im Entferntesten ein philosophisches Lehrbuch oder eine wissenschaftlich korrekte Epikur-Interpretation sein zu wollen. Es ist lediglich der Versuch, aus einer ganz subjektiven Sicht zu zeigen, dass uns dieser oft verkannte und auf puren Hedonismus verkürzte antike Philosoph vielleicht auch heute noch den einen oder anderen Denkanstoß zu geben vermag – und damit zum eigenen Weiterdenken anzuregen. Und weil Motorradfahren einerseits eine zutiefst lustvolle Art der Fortbewegung ist, andererseits dem Fahrer aber auch eine Reihe von Beschränkungen auferlegt (z.B. hinsichtlich Komfort, Wetterschutz und Sicherheit), und weil Epikurs Philosophie eine Philosophie der Lust und der Freude, aber eben auch der (Selbst-) Beschränkung ist, darum eignet sich eine Motorradreise ganz ausgezeichnet, um sich ein wenig mit dieser antiken Denk-Schule zu beschäftigen. Zu diesem Zweck lasse ich Epikur in fiktiven Gesprächen zu Wort kommen. Und damit Sie, liebe Leserinnen und Leser, jederzeit sehen können, an welchen Stellen ich dem Philosophen meine eigenen Worte in den Mund gelegt habe, und wo er selbst zu Ihnen spricht, habe ich alle Originalzitate von Epikur durch Kursivschrift gekennzeichnet. Jetzt sind Sie herzlich eingeladen, uns auf unserer philosophischen Motorradtour zu begleiten, und Sie brauchen dazu weder einen Motorradführerschein noch einen Sturzhelm.

Kapitel 1:

Eine merkwürdige Begegnung

Licht und Schatten liegen oft sehr nah beieinander. Führte die Straße eben noch durch schattigen Wald, verläuft sie nun oberhalb der Baumgrenze in strahlender Sonne durch atemberaubende Berglandschaft, in nicht enden wollenden Kurvenkombinationen, die das Motorradfahrerherz höher schlagen lassen. Das Motorrad schwingt von Schräglage zu Schräglage, der Fahrtwind weht durch das geöffnete Visier ins Gesicht, bringt den Duft nach Kiefern mit sich. Der Körper spürt den Temperaturunterschied, nimmt nach der Fahrt durch den kühlen Waldschatten beinah begierig die Wärme der Sonnenstrahlen in sich auf. Der Blick registriert den Verlauf der Straße ebenso wie die grandiose Berglandschaft, durch die sie führt. Und in jeder neuen Kurve wird theoretische Physik zur ganz praktischen Erfahrung, spürt man die Naturgesetze beim Gegeneinanderausspielen von Schwer- und Fliehkraft auf der Suche nach der richtigen Schräglage.

Alles zusammen ergibt eine Intensität und Unmittelbarkeit der Empfindungen, wie man sie im Auto nie erlebt. Und weil die Autos, Lastwagen und Wohnwagengespanne den neu gebauten Tunnel benutzen, ist die alte Passstraße kaum befahren, was den Genuss noch einmal deutlich erhöht. Doch wie gesagt: Licht und Schatten liegen oft sehr nahe beieinander, und plötzlich, als ich gerade aus einer Kurve herausbeschleunigen will, erstirbt der Motor mit einem Mal. Ich rolle am Fahrbahnrand aus und lausche in der plötzlichen Stille dem leisen Knacken des abkühlenden Motors. Ein Druck auf den Anlasserknopf, nichts tut sich, alles tot. Ich ziehe den Helm ab und schicke einen lauten Fluch in die klare Bergluft.

„Mein Freund, wer wird an einem solch schönen Tag derart unflätig sein Schicksal verfluchen?" Erschrocken drehe ich mich um und sehe zu meinem größten Erstaunen eine wahrhaft merkwürdige Gestalt hinter einem Felsen hervorkommen. Der Mann muss direkt einem Werbespot des griechischen Fremdenverkehrsvereins entsprungen sein, oder einem klassischen Theaterstück: Lockiges, kräftiges Haar und ein ebensolcher mächtiger Vollbart umrahmen ein ausdrucksstarkes Gesicht, das von einer großen Nase dominiert wird. Unter einer eindrucksvollen Stirn und mächtigen Brauen begegnet einem ein würdevoller, ernster Blick aus klaren Augen. Bekleidet ist die Erscheinung mit einer griechischen

Toga, die bis zu seinen Füßen reicht, welche wiederum in Ledersandalen stecken.

Bevor ich meinem verwirrten „Guten Tag" noch die Frage hinterherschicken kann, woher der Fremde so plötzlich gekommen ist, bemerkt dieser mit einem Blick auf das Motorrad: „Ein eigenartiges Gefährt, mit dem Du da unterwegs bist." Will der mich verkohlen? Habe ich es mit einer Art Yeti zu tun? Oder träume ich gerade? „Aber, ich bin unhöflich.", fährt der Fremde fort. „Ich sollte mich erst einmal vorstellen. Mein Name ist Epikuros von Samos, aber man nennt mich allgemein nur Epikur – und wer bist Du?"

Gut, ich träume also wirklich. Oder er will mich wirklich verkohlen. Verstohlen halte ich nach der versteckten Kamera Ausschau – nicht dass ich womöglich hinterher vor einem Millionenpublikum wie der letzte Depp dastehe. Ich kann zwar keine Kameras erkennen, aber das ist ja der Sinn von versteckten Kameras. Dann kommt mir ein Zitat aus einem Wiki-Buch zum Thema Klarträume in den Sinn: „Wenn Träume nur Kreationen des Gehirns sind und nicht mehr, dann braucht man sich nicht über Geister oder ähnliches zu sorgen. Man steht trotzdem immer auf der sicheren Seite, wenn man Traumgestalten höflich und anständig behandelt." Ich beschließe also mitzuspielen und stelle mich meinerseits artig vor. „Das eigenartige Gefährt ist ein Motorrad, kennen Sie sowas wirklich nicht?" nehme ich danach den Faden des von meinem Gegenüber begonnenen Gesprächs wieder auf. „Nein", versichert Epikur, oder wer immer sich für ihn ausgibt, und erkundigt sich scheinbar ehrlich interessiert nach der Funktionsweise und wie es sich ohne Zugtier fortbewegen kann.

Nun, ich habe Zeit: Entweder träume ich, dann ist es ohnehin ohne Bedeutung, oder ich spiele gerade die Hauptrolle in einer Samstagabendshow, dann sollte ich mich möglichst gut verkaufen. Handyempfang habe ich hier oben leider auch nicht, so dass ich auch keinen Pannendienst anrufen kann und sowieso auf das nächste Fahrzeug warten muss, das den Weg über den alten Pass anstatt durch den Tunnel nimmt. Da kann ich diesem Epikur also auch in groben Zügen die Funktionsweise eines Verbrennungsmotors erklären. Der Grieche hört interessiert zu, stellt ab und zu eine Zwischenfrage und scheint unerklärlicherweise in seinen offenen Sandalen überhaupt nicht an den Füßen zu frieren.

Wir sitzen mittlerweile nebeneinander auf einem Felsbrocken und betrachten das Motorrad. Während ich gerade überlege, wann endlich Frank Elstner um die Ecke kommt und dem Spiel ein Ende macht, stellt Epikur seine nächste Frage: „Sag, hast Du nicht erklärt, Dein Fahrzeug neige sich in der Kurve zur Seite?" „Ja, Schräglage. Das macht den Spaß beim Motorradfahren aus." „Oh, mit Spaß kenne ich mich aus, darüber habe ich viel nachgedacht. Aber wie ist das denn in Linkskurven, verhindert da nicht der Ständer, auf dem das Gefährt sich abstützt, die Schräglage, wie Du das nennst?" „Nun, der Ständer lässt sich natürlich während der Fahrt einklappen" erwidere ich mit einem überlegenen und, wie ich hoffe, telegenen Lächeln. „Und wenn Du das einmal vergessen solltest?" „Dafür gibt es eigens einen Schalter, der die Zündung unterbricht, wenn der Ständer ausgeklappt ist. Der Motor springt dann gar nicht erst an...." In diesem Moment fällt es mir wie Schuppen von den Augen und obwohl ich schon geraume Zeit auf das Motorrad vor mir gestarrt habe, sehe ich erst jetzt das Kabelende, das neben dem Seitenständer herunterhängt.

Da haben wir das Problem: Das Kabel gehört zu jenem Seitenständerschalter, der Unfälle durch einen nicht eingeklappten Ständer verhindern soll (und wie sie durchaus vorkamen, bevor solche Schalter oder aber starke Federn, die den Ständer zwangsweise einklappen, Vorschrift wurden). Mit ein wenig Iso-lierband ist das Problem schnell behoben und der Motor springt sofort willig an.

„Ich müsste jetzt weiter", sage ich nach einem peinlichen Moment des Schweigens zu Epikur, „war nett, Sie kennen gelernt zu haben. Und danke für den entscheidenden Hinweis." „Nun, es war ja mehr eine Frage als ein Hinweis, aber sind es nicht immer die richtigen Fragen, die uns im Leben weiter bringen, nicht die allzu oft falschen Antworten?" Aha, also doch tatsächlich ein Philosoph. „Mein Freund, wärest Du vielleicht im Gegenzug bereit, mich ein Stück Weges auf Deinem Motorrad mitzunehmen? Du hast soviel von der Lust erzählt, die es Dir bereitet, und die Lust war immer der Kern meiner Philosophie. Ich würde das gerne einmal ausprobieren!"

Natürlich will ich sofort widersprechen: Diesen Witzbold darauf hinweisen, dass er keinen Helm hat und mit Toga und Sandalen auch sonst nicht gerade motorradtauglich gekleidet ist. Aber da ich mir immer noch nicht ganz klar darüber bin, ob ich gerade träume oder Opfer der versteckten Kamera bin, murmele ich nur ein „das ist aber nicht ganz ungefährlich." „Ach mein Freund, Gefahr gehört zum Leben. Und die Angst zu besiegen, darum geht es gerade!" Da mir keine Erwiderung mehr einfällt und ich ohnehin mehr und mehr der Traumtheorie zuneige, zucke ich nur mit den Schultern und ziehe Helm und Handschuhe an. Kurz darauf zwängt sich Epikur auf den Soziussitz, was angesichts seiner klassisch griechischen Bekleidung kein ganz einfaches Unterfangen ist. „Festhalten!", rufe ich, lege den ersten Gang ein und gebe Gas.

Wie immer, wenn man einen gänzlich unerfahrenen Sozius chauffiert (oder womöglich eine Sozia, mit der man vielleicht sogar ein längeres Stück des Lebensweges gemeinsam zurücklegen möchte), sollte man es in den ersten Kurven gemächlich angehen lassen. Und auch Epikur macht anfangs den typischen Fehler, sich instinktiv gegen die Schräglage zu wehren und gegen die Kurve zu lehnen. „Einfach ganz locker bleiben, der Oberkörper bildet eine Linie zum Motorrad, nicht nach innen und nicht nach außen lehnen, einfach die Bewegung des Motorrades mitmachen" rufe ich gegen den Fahrtwind nach hinten. Und tatsächlich, schon bald entspannt sich mein merkwürdiger Sozius merklich und scheint die Fahrt zunehmend zu genießen. Einmal, nach einer besonders flott durchfahrenen Kurve, meine ich sogar so etwas wie einen Freudenschrei von hinten zu hören.

„Wie weit wollen Sie denn eigentlich mitfahren?", frage ich über die Schulter. „Nun mein Freund, am liebsten so lange, bis ich das Gefühl habe, Dir nichts mehr beibringen zu können, wenn ich darf." „Mir etwas beibringen?" „Oh ja, Dein jäher Gefühlsausbruch anlässlich einer solchen Kleinigkeit wie einem lockeren Kabel zeigt mir, dass Du noch viel von mir lernen kannst – nicht über Motorräder, aber über das Leben." Während das Motorrad weiter durch die großartige Gebirgslandschaft von Kurve zu Kurve schwingt und das Asphaltband unter unseren Füßen hindurchzieht (meine in klobigen Motorradstiefeln, die auf den Soziusfußrasten in offenen Ledersandalen – welch ein Kontrast), spüre ich einen Stich in der Magengegend. Mein Beifahrer hat einen wunden Punkt getroffen, keine Frage. Tatsächlich neige ich dazu, schon bei eher belanglosen Alltagspannen die Fassung zu verlieren und mich über Dinge aufzuregen, die es bei nüchterner Betrachtung wahrlich nicht wert sind. Das muss ein Traum sein, und jetzt wäre es langsam an der Zeit, aufzuwachen…

Kapitel 2:

Traum oder Wirklichkeit

Während wir schweigend weiterfahren, der Himmel im Westen sich schon langsam rötlich färbt und der Schatten des Motorrades neben uns immer größer wird, fasse ich einen Entschluss: Da man die Idee mit der versteckten Kamera inzwischen getrost verwerfen kann (auf dieser einsamen Straße hätte uns unmöglich ein Kamerateam unauffällig folgen können), muss es sich um einen Traum handeln, aber weil selbst kneifen nichts genutzt hat, muss ich wohl oder übel warten, bis der Wecker dem ganzen irgendwann ein Ende setzen wird. Solange wollte ich das Spiel mitspielen, die Motorradfahrt genießen und wer weiß, vielleicht könnte ich wirklich etwas von Epikur lernen? Der sitzt mittlerweile völlig entspannt auf dem Soziussitz und genießt die Fahrt ebenfalls sichtlich. Hin und wieder fordert er mich sogar auf, schneller zu fahren.

Ich dagegen grübele immer noch über eine Frage, auf die es bei genauerem Hinsehen tatsächlich keine einfache Antwort gibt: Woher kann ich eigentlich sicher wissen, ob ich gerade träume, oder ob das, was ich erlebe, die „Realität" ist. Was ist überhaupt Realität? Kennen Sie auch das Phänomen des Traums im Traum? Man träumt, wird vermeintlich wach und sich dessen bewusst, das man gerade geträumt hat, und etwas später erwacht man erst wirklich und erkennt, dass auch das erste Erwachen aus dem Traum nur geträumt war. Aber woher weiß man dann, dass man jetzt wirklich wach ist?

Spätestens seit Platons Höhlengleichnis (wonach wir den Bewohnern einer Höhle vergleichbar sind, die von der „wahren Realität", die sich hinter ihrem Rücken abspielt, nur den Schatten an der vor ihnen liegenden Wand wahrnehmen) haben sich Philosophen gefragt, was wir über die Wirklichkeit, „die Dinge an sich" überhaupt wissen können, oder auch, ob es diese Dinge außerhalb unserer Vorstellung überhaupt gibt. Epikur selbst war zwar einerseits der Überzeugung, die sinnliche Wahrnehmung sei das einzige Wahrheitskriterium (*„Wenn Du Dich gegen alle Sinneswahrnehmungen auflehnst, wirst Du nichts haben, worauf Du Dich beziehen kannst, wenn Du eine von ihnen für falsch erklärst"*), hat aber andererseits bereits die Vorstellung von Raum und Zeit als etwas subjektiv zu den Dingen hinzugedachtes betrachtet. Damit hat er bereits ein Problem angesprochen, das erst viel später von Immanuel Kant ausführlich bearbeitet wurde. In seiner „Kritik der reinen Vernunft" zeigte Kant, dass unser Verstand die wahrgenommenen Sinneseindrücke notwendig in eine ganz bestimmte Form presst, und wir niemals sicher wissen können, wie die „Dinge an sich" tatsächlich beschaffen sind, sondern nur die „Dinge für uns" erkennen können.

Wahrnehmung erfolgt für Kant gewissermaßen in Stufen: Die „Dinge an sich" regen unsere Sinne an und verursachen Empfindungen. Nun kommen unsere a-priori-Vorstellungen von Raum und Zeit hinzu und formen aus den Empfindungen Erscheinungen (aber: Raum und Zeit sind keine Eigenschaften, die den Dingen innewohnen, sondern Vorstellungen, die unser Verstand den Dingen hinzufügt!). Und erst, indem der Verstand diese Erscheinungen noch in den Kategorien Quantität, Qualität, Relation und Modalität ordnet, werden aus den Erscheinungen Begriffe.

Wir haben z.B. einen Begriff von einem Motorrad a priori in uns, der durch viele Sinneseindrücke in der Vergangenheit gebildet wurde, und deshalb erkennen wir ein Motorrad als solches, wenn wir es sehen. Epikur dagegen hat nie ein Motorrad gesehen, konnte es daher auch nicht erkennen. Aber er hatte einen a-priori-Begriff von einem Fahrzeug, er hatte schon Pferdewagen gesehen, und kannte die Funktionsweise von Rädern. Deshalb hat er das Motorrad als – wenn auch eigenartiges – Gefährt erkannt.

Zu den vier genannten Kategorien des Verstandes kommen noch Unterkategorien hinzu, so gehört z.B. zur Kategorie „Relation" die Kausalität, d.h. dass unser Verstand in Ursache-Wirkungs-Zusammenhängen denkt. Stellen Sie sich z.b. vor, Sie gehen mit einem Hund spazieren und plötzlich zerplatzt vor Ihren Füßen ein mit Wasser gefüllter Ballon – was werden Sie tun? Genau, Sie werden nach oben schauen, um zu sehen, welcher Bengel die Wasserbombe nach Ihnen geworfen hat. Ihr Verstand sagt Ihnen, dass Wasserballons nicht aus dem Nichts entstehen, und dass das Ereignis eine Ursache haben muss – den Lausejungen auf dem Balkon über Ihnen. Was wird der Hund tun? Er weiß nichts von Kausalität und wird den zerfetzten Ballon zu Ihren Füßen anbellen, nicht den Jungen auf dem Balkon.

Man spricht von Kants Erkenntnis bis heute als einer „kopernikanischen Wende" der Philosophie. Nach der Lektüre der „Kritik der reinen Vernunft" hat Heinrich von Kleist diese Einsichten, die ihn zutiefst erschütterten und verunsicherten, in einem Brief an Wilhelmine von Zenge in einer schönen Analogie beschrieben: „Wenn alle Menschen statt der Augen grüne Gläser hätten, so würden sie urteilen müssen, die Gegenstände, welche sie dadurch erblicken, sind grün – und nie würden sie entscheiden können, ob ihr Auge ihnen die Dinge zeigt wie sie sind, oder ob es nicht etwas zu ihnen hinzutut, was nicht ihnen, sondern dem Auge gehört. So ist es mit dem Verstande. Wir können nicht entscheiden, ob das, was wir Wahrheit nennen, wahrhaft Wahrheit ist oder ob es uns nur so scheint."

Während diese Erkenntnis heute mehr oder weniger unstrittig ist, sind es mögliche Schlussfolgerungen weit weniger. Und die Kontroverse erschöpft sich keineswegs nur in den Polen „Realismus" vs. „Idealismus" – zahlreiche Abstufungen und Differenzierungen bereiten hier ein fast unüberschaubares Feld. Es reicht, ganz grob, vom Solipsismus auf der einen Seite (nur das eigene Ich ist wirklich, die Außenwelt und auch andere ,Ichs' existieren ausschließlich in meinem Bewusstsein) bis zum naiven Realismus auf der anderen Seite (die Welt ist, entgegen Kant, doch genau so beschaffen, wie wir sie wahrnehmen). Besonders interessant ist die Vorstellung einer wechselseitigen Bedingtheit von wahrnehmenden Subjekten und wahrgenommener „Realität." Man könnte auch sagen, dass die „Wirklichkeit" erst im Akt der Beobachtung entsteht. „Esse est percipi" („Sein bedeutet wahrgenommen werden") meinte etwa George Berkeley, was Einstein zu der Frage führte, ob der Mond auch da ist, wenn keiner hinsieht.

Nicht zuletzt deswegen sind es bis heute nicht nur Philosophen, sondern auch Physiker, die sich diese Frage nach der Wirklichkeit außerhalb unserer Wahrnehmung stellen. Und in der Tat scheint die moderne Quantentheorie Berkeley zu bestätigen: So zeigt etwa Heisenbergs berühmte Unschärferelation, dass es nicht möglich ist, Position und Impuls eines Quantenobjekts gleichzeitig exakt zu messen, weil die Messung des einen (z.B. der Position) immer mit einer Störung des anderen (z.B. des Impulses) verbunden ist. Oder allgemeiner formuliert: Die Beobachtung beeinflusst immer das zu Beobachtende, eine objektive Beobachtung einer unbeeinflussten „Realität" scheint es nicht zu geben.

Wie wir es auch drehen und wenden, wir können die Position, wonach eine wirkliche Welt außerhalb unserer Vorstellung gar nicht existiert, tatsächlich nicht widerlegen, weil wir uns eben per Definition nichts vorstellen können, was außerhalb unserer Vorstellung ist. (Probieren Sie es aus, stellen Sie sich vor, was immer Sie wollen: ferne Galaxien, außerirdisches Leben, eine Welt ohne Finanzämter – all das existiert immer zugleich, oder sogar nur, in Ihrer Vorstellung). Allerdings: Der Gegenbeweis, dass es deshalb auch nichts außerhalb unserer Vorstellung geben *kann*, ist damit natürlich ebenfalls nicht erbracht. Wer das behauptet, gleicht eher dem Kleinkind, das beim Versteckspielen die Augen schließt und dann meint, weil es selbst die anderen Kinder nicht sieht, könne es auch von diesen nicht gesehen werden.

Die Straße vor mir führt auf eine scharfe Linkskehre zu, geradeaus stürzt sich der Felsabhang einige hundert Meter in die Tiefe, nur eine niedrige

Steinmauer trennt die Straße vom Abgrund. Spätestens jetzt werden die allermeisten Idealisten zum Realisten, betätigen die Bremse und folgen dem Straßenverlauf, anstatt darauf zu vertrauen, dass alles, und also auch dieser Abgrund, nur in unserer Vorstellung existiert.

Und was lernen wir daraus? Erkenntnistheoretische Fragen sind spannende Fragen („Was kann ich wissen?"), aber sie helfen im Alltag oft nicht weiter – schon gar nicht beim Motorradfahren. Und da hinter mir nicht Berkeley sitzt, sondern Epikur, ein ausgewiesener Realist und Materialist, seine Arme jauchzend ausbreitet und die Ärmel seiner Toga im Fahrtwind wehen lässt, sollte ich mich vielleicht eher anderen philosophischen Fragen zuwenden („Was soll ich tun?, Was darf ich hoffen? Was ist der Mensch?"), ganz gleich, ob ich nun gerade träume oder nicht. Höchste Zeit zu bremsen und das Motorrad nach links in die Kehre zu lenken…

Kapitel 3:

Der Himmel auf Erden

Die Sonne ist schon eine ganze Zeit hinter den Bergen im Westen verschwunden und taucht deren Gipfel in ein warmes, leuchtendes Rot, das im Kontrast steht zu der nun schon merklich kühleren Luft. Zeit, einen Lagerplatz zu suchen. Kurz darauf zweigt in einer Kehre ein schmaler Schotterweg von der Straße ab und führt augenscheinlich in ein kleines Tal, in dessen Grund ein Bach plätschert. Gar nicht so einfach, das voll bepackte Motorrad nebst Sozius (Epikur ist nicht gerade ein Leichtgewicht) über den holprigen Schotterweg zu lenken, doch schon bald finden wir in der Nähe des Bachs eine geeignete Lagerstelle. Das Wetter ist schön, der Himmel klar, die ersten Sterne sind schon zu sehen, da kann ich auf das Zelt verzichten und breite Isomatte und Schlafsack direkt neben dem Motorrad im Gras aus.

In diesem Augenblick fällt mir ein, dass mein Beifahrer ja keinen Schlafsack dabei hat, und ohne dürfte die bevorstehende Nacht sehr kalt werden. Doch Epikur lächelt nur und zaubert unter den Falten seiner Toga eine Decke hervor. „Mehr brauche ich nicht, mein Freund. Die Fähigkeit, sich mit wenigem zufrieden zu geben, ist ein wesentliches Element in meiner Philosophie der Lebenslust: *Die Selbstgenügsamkeit halte ich für ein großes Gut, doch nicht, damit wir uns unter allen Umständen an wenigem genügen lassen, sondern damit wir uns mit wenigem zu begnügen vermögen, wenn wir nicht viel haben; wir sind überzeugt, dass den höchsten Genuss an großem Aufwand die Menschen haben, die seiner am wenigsten bedürfen, und dass alles Natürliche sehr leicht, das Überflüssige und Sinnlose aber schwer zu beschaffen ist. Einfache Suppen bereiten den gleichen Genuss wie ein üppiges Mahl.“* „Apropos Suppe und üppiges Mahl“, erwidere ich, „wie wäre es, wenn Sie dort hinten in dem Wäldchen etwas Feuerholz suchen und ich uns in der Zwischenzeit auf dem Benzinkocher eine Tütensuppe warm mache?“ „Aber gerne, mein Freund“, antwortet der Philosoph und entschwindet leichten Schrittes auf seinen Sandalen in Richtung Wald.

Nachdem wir unsere Suppe gegessen haben (sie schmeckte wirklich vorzüglich, so wie sie wohl nur an einem Platz wie diesem nach einem langen Tag auf dem Motorrad schmecken kann), sitzen wir an einem kleinen Feuer und halten jeder eine Bierdose, von denen ich ein paar im Koffer habe, in der Hand (auch wenn mein Begleiter zunächst nicht sehr begeistert war; er hätte lieber einen Wein gehabt, möglichst mit etwas Harz versetzt). Ich bin jetzt so richtig neugierig geworden, und während ich noch einen weiteren Ast einer Latschenkiefer ins Feuer lege (wobei sofort reichlich Harz an seinen Enden herausquillt und eine zischende, wohlriechende Qualmwolke erzeugt), frage ich Epikur: „Erzählen Sie mir doch ein wenig mehr von Ihrer Philosophie. Waren Sie nicht einfach ein radikaler Hedonist, nur auf irdische Freuden bedacht. Wenn ich mich so an die Schule erinnere, gelten Ihre Lehren heutzutage eher als banal."

Epikur sieht mich halb belustigt, halb beleidigt an. „Ach mein Freund, dieser Vorwurf ist mir nicht neu. *Ich habe niemals danach gestrebt, der großen Menge zu gefallen; denn was ihr gefiel, habe ich nicht gelernt, und was ich wusste, das lag weitab von ihrem Begreifen.* Aber Du, der Du alleine mit Deinem Motorrad die Welt bereist, was immerhin ein Mindestmaß an Selbstgenügsamkeit voraussetzt, Du kannst meine Philosophie vielleicht begreifen. Deshalb sage mir: Dieser Tag heute, die Fahrt mit dem Motorrad durch diese eindrucksvolle Landschaft, der Steinadler, den wir sahen, die Aussicht bei unserer Rast auf der Passhöhe, die köstliche Suppe eben: War das nicht alles banal, aber zugleich auch einzigartig schön? Ist nicht unser ganzes Leben unendlich banal und doch alles was wir haben? Und was heißt hier ‚nur' irdische Freuden – glaubst Du denn, es gibt noch andere, nicht-irdische?"

Das ist nun in der Tat ein spannender Punkt, und im Grunde habe ich mit der Vorstellung an ein Jenseits oder ein Leben nach dem Tod auch so meine Probleme. Unwillkürlich erklingt eine Melodie in meinem Kopf und ich höre John Lennon jene Zeilen singen, die mir schon immer aus tiefstem Herzen richtig und weise erschienen: „Imagine there's no Heaven, It's easy if you try, No Hell below us, Above us only sky, Imagine all the people, Living for today…" Und als hätte er meine Gedanken erraten, fährt Epikur fort: „*Wir sind ein einziges Mal geboren; zweimal geboren zu werden ist nicht möglich…Und da schiebst du das, was Freude macht auf, obwohl du nicht einmal Herr bist über das Morgen? Über dem Aufschieben schwindet das Leben dahin, und so mancher von uns stirbt, ohne sich jemals Muße gegönnt zu haben.*"

„Ja", sage ich, „John Lennon hat einmal gesagt, Leben sei das, was passiert, während wir mit anderen Dingen beschäftigt sind." „John Lennon? Wer ist das?" „Oh, das war ein genialer Musiker und Texter. Wahrscheinlich könnte man ihn sogar einen singenden Philosophen nennen. Leider wurde er von einem weniger philosophischen Zeitgenossen ermordet. Sie müssten sich unbedingt einmal sein ‚Imagine' anhören, es würde Ihnen gefallen. Und davon abgesehen: Ich schiebe ja gar nicht auf, was Freude macht. Genau darum unternehme ich ja diese Motorradtour, um das Hier und Jetzt zu genießen. Und um etwas

Muße zu haben, wie jetzt, an diesem Lagerfeuer." „Das heißt, Du bist gar nicht auf der Reise zu einem bestimmten Ziel, sondern unternimmst diese Fahrt um ihrer selbst willen? Das ist klug! *Befreien muss man sich aus dem Gefängnis des Alltagsgetriebes und des Staatslebens.* Und merke auch: *Die schönste Frucht der Selbstgenügsamkeit ist Freiheit.* Du könntest vielleicht doch noch ein brauchbarer Schüler werden, obwohl wir das Leben in unserem Garten bei Athen den Mühen einer Reise normalerweise vorziehen."

Eine Weile schauen wir schweigend ins Feuer, aber irgendwie bin ich noch nicht restlos überzeugt. „Aber sagen Sie mir, Epikur" unterbreche ich die Stille, „was glauben Sie, warum klammern sich so viele Menschen an die Vorstellung eines Lebens nach dem Tod? Warum scheinen viele ihr Leben im Diesseits nur als Zwischenschritt auf dem Weg zum eigentlichen Ziel im Jenseits zu betrachten. Zumal wir darüber noch weniger wissen als über das Diesseits." „Nun, ich glaube, allen voran sind es gerade Unwissenheit und Torheit. Und daraus erwächst Furcht. Man muss den Menschen zunächst zeigen, dass alle Erscheinungen von Naturgesetzen hervorgerufen sind, nicht von überirdischen Mächten."

Und dann erklärt er mir ausführlich seine atomistische Welterklärung, die er mehr oder weniger unverändert von Demokrit übernommen hat, und die letztlich die Grundlage gelegt hat für die uns heute geläufige Naturwissenschaft (auch wenn wir natürlich inzwischen wissen, dass Demokrits Atome keineswegs „unteilbar" sind). In einer Zeit lange vor der Aufklärung, als das Leben der allermeisten Menschen noch bestimmt war durch den fest verwurzelten Glauben an Mythen und die Furcht vor Göttern und Dämonen, die die Macht hatten, das Schicksal des Einzelnen zu lenken, war diese „naturwissenschaftlich-mechanistische" Weltanschauung für Epikur die notwendige Voraussetzung für ein Leben ohne Angst und die Erlangung der Seelenruhe.

In seinen eigenen Worten: „*Es wäre für uns nicht möglich, uns von den angstvollen Gedanken an die höchst entscheidenden Dinge zu befreien, wenn wir von der Natur des Alls keine Kenntnis hätten, sondern argwöhnen müssten, es könnte doch etwas an den Mythen sein. Daher können wir ohne Naturerkenntnis keine ungemischte Freude genießen.*" Wie soll ich nur Epikur erklären, dass auch heute, trotz des wissenschaftlichen Fortschritts von mehr als 2000 Jahren, der uns bis auf den Mond gebracht hat, und nach der europäischen Aufklärung, noch immer so viele Menschen an ein Jenseits und an ein Leben nach dem Tod glauben. Unwissenheit alleine kann es wohl nicht sein, es muss also noch andere Gründe dafür geben.

Mir gegenüber reckt sich Epikur in seiner Toga, gähnt herzhaft und sagt: „Verzeih mir, mein junger Freund, aber die ungewohnte Fahrt auf dem Motorrad hat mich ermüdet, ich will ein wenig schlafen, wir können uns ja morgen weiter unterhalten, auch darüber, was genau ich mit der Philosophie der Freude meine. Es geht nämlich nicht, wie Du zu glauben scheinst, um zügellose Lustbefriedigung. Gute Nacht." „Gute Nacht", erwidere ich, und während ich beobachte, wie der alte Grieche sich unweit vom Feuer in seine Decke wickelt und scheinbar schon eingeschlafen ist, kaum dass er richtig gelegen hat, suche ich nach weiteren Gründen für den weit verbreiteten Glauben an ein Jenseits, unabhängig von reiner Unwissenheit.

Eine erste Erklärung ist sicher die Gewohnheit und kindliche Prägung. Wer von klein auf lernt, dass es Himmel und Hölle gibt, tut sich oft selbst als Erwachsener schwer, diesen einmal internalisierten Glauben zu hinterfragen oder gar ganz abzulegen – um so mehr, je dogmatischer dieser Glaube dem Kind eingetrichtert wurde. Der Religionskritiker Richard Dawkins geht deshalb sogar so weit, die religiöse Erziehung von Kindern als eine Form der Kindesmisshandlung zu bezeichnen. Sicher ein provozierender Vergleich, aber im Kern eben doch nicht ganz von der Hand zu weisen. Denn dass eine dogmatische religiöse Erziehung zu schweren Traumatisierungen und psychischen Verletzungen führen kann, kann nicht ernsthaft bestritten werden. Was aber keinesfalls heißt, das jeder Gläubige ein Opfer frühkindlicher Prägung oder deshalb traumatisiert ist. Und schließlich gibt es auch Fälle, in denen sich Menschen erst als Erwachsene der Religion zuwenden, ohne selbst eine religiöse Erziehung genossen zu haben. Damit sind also auch „Gewohnheit" und Erziehung keine hinreichende Erklärung für den Glauben an ein Jenseits.

Während ich den Kopf in den Nacken lege und in die Unendlichkeit des Sternenhimmels über mir blicke, glaube ich eine andere Erklärung zu erkennen: Die Vorstellung, nur eine kleine, völlig unbedeutende Episode in einem unendlichen, uns gegenüber völlig gleichgültigen schwarzen Universum zu sein, mögen viele Menschen einfach nicht akzeptieren. Da muss doch mehr sein, sagen sie, da muss es doch eine Bedeutung geben, die länger währt, da muss doch ein Sinn in diesem Dasein liegen. Man sucht Trost in der Vorstellung, dass es nach dem Tode weitergeht, und man findet Sinn im Dasein, wenn man darauf vertraut, dass einem die irdischen Taten angerechnet werden, womit der Glaube an ein Jenseits auch disziplinierende Wirkung haben kann.

Oder man freut sich, wie Sokrates, darauf, im Jenseits endlich all den schon verstorbenen Berühmtheiten zu begegnen, die man zu Lebzeiten nie traf (Sokrates erwartete mit Freuden spannende Gespräche mit Homer, Orpheus und anderen), oder auf ein Wiedersehen mit verstorbenen Freunden oder Verwandten. Und wenn dieser Trost die Furcht vor dem Tode mindern (oder gar nehmen kann), dann müsste das doch eigentlich ganz im Sinne Epikurs sein, der doch auch die Freiheit von Furcht zur wichtigsten Voraussetzung des glücklichen Lebens erklärte. Vielleicht sollte ich ihn morgen einmal danach fragen.

In diesem Moment sehe ich über mir zwischen den Sternen die Positionslichter eines Flugzeuges, das die Gebirgskette in großer Höhe überfliegt, und plötzlich muss ich an die Ereignisse des 11. September 2001 denken, und mir wird überdeutlich eine mögliche Gefahr bewusst, die aus einem Glauben erwachsen kann, für den das Jenseits alles und das Diesseits nichts bedeutet: Wer, wie Epikur, ganz dem Diesseits verhaftet ist, der ist vermutlich weit weniger anfällig für die Perversionen einer fanatischen Religiosität, für die Selbstmordattentäter als Märtyrer gelten, die im Jenseits reich belohnt werden.

Über diesen Gedanken inzwischen selbst müde geworden, lege ich mich in den Schlafsack und blicke noch eine Weile hinauf in den Sternenhimmel. Als ich mich dann schließlich irgendwann zur Seite rolle und die Augen schließe, ertönt noch einmal John Lennon in meinem Kopf: „Imagine there's no countries, It isn't hard to do, Nothing to kill or die for, And no religion too. Imagine all the people, Living life in peace…"

Kapitel 4:

Spaß an der Freud

Das erste, das ich bemerke, als ich am nächsten Morgen aufwache, ist die Kälte. Zwar ist es schon hell, aber die Sonne hat das kleine Bachtal noch nicht erreicht. Die Wiese um mich herum ist vom Tau nass, ebenso der Schlafsack. Bevor ich den Reißverschluss öffne, sehe ich mich um: Das Motorrad steht nur wenige Meter neben mir, auf Tank und Sitzbank glänzen unzählige Tautropfen. Auf der anderen Seite ist die Asche des kleinen Lagerfeuers längst erkaltet, der Geruch von kaltem Rauch scheint trotzdem noch in der Luft zu schweben.

Ich würde den Moment, in dem ich den warmen Schlafsack verlassen muss, gerne noch hinauszögern, aber der Druck auf der Blase wird übermächtig. Nachdem ich dieses allzu menschliche Bedürfnis befriedigt habe, schaue ich mich noch einmal um, wobei Erinnerungen an einen seltsamen Traum langsam in mein schwerfällig erwachendes Hirn sickern. Unweigerlich muss ich lächeln: Mir war doch tatsächlich, als wäre ich gestern mit dem griechischen

Philosophen Epikur, immerhin seit mehr als 2000 Jahren tot, hier angekommen, hätte mit ihm am Lagerfeuer über Diesseits und Jenseits philosophiert. Doch natürlich ist niemand außer mir hier. Bevor das Gefühl der Erleichterung, dass doch alles nur ein Traum war, sich richtig ausbreiten kann, entdecke ich auf der anderen Seite der Feuerstelle eine Fläche von ca. ein mal zwei Meter, auf der das Gras heruntergedrückt ist – ganz so, als ob dort jemand gelegen hätte. Und während ich noch versuche, die richtigen Schlussfolgerungen aus dieser Entdeckung zu ziehen, kommt pfeifend und offensichtlich bestens gelaunt ein großer, vollbärtiger Mann in Toga und Sandalen den gegenüberliegenden Berghang hinunter spaziert.

Kaffee, ich brauche jetzt dringend erst einmal einen Kaffee, also fülle ich den Topf im Bach mit Wasser und entzünde den Benzinkocher. Mittlerweile ist auch Epikur wieder an unserem Lagerplatz angekommen. „Ah, guten Morgen, mein Freund. Bist Du endlich wach geworden? Ein wunderbarer Morgen, ich bin gerade zu diesem Sattel hinauf gewandert, von dort hat man eine herrliche Aussicht auf das Tal, und die Sonne scheint dort oben auch bereits." „Morgen" brumme ich, nicht halb so begeistert. Langsam beginne ich zu ahnen, dass dieser Traum erst vorüber sein wird, wenn ich meine Lektion in antiker Philosophie gelernt habe.

Endlich kocht das Kaffeewasser, ich schütte eine Tüte mit Cappuccino-Pulver in die Tasse und gieße das heiße Wasser darüber, dabei neugierig von Epikur beobachtet. „Instant-Kaffee", erkläre ich, „schon mit Milch. Eine der Errungenschaften unserer Zeit. Kein Vergleich zu einem echten griechischen Mokka, aber trinkbar – möchten Sie auch?" Mit einer flinken Bewegung zaubert Epikur ein Trinkgefäß aus seiner Toga und hält es mir lächelnd hin. Nachdem auch er mit Kaffee versorgt ist, sitzen wir schweigend nebeneinander und beobachten, wie sich die Sonne langsam über den Rand des gegenüberliegenden Berghangs erhebt.

Während ich die klammen Finger noch an der heißen Kaffeetasse wärme, scheinen mir schon die ersten Sonnenstrahlen ins Gesicht und wecken mich endgültig aus meiner morgendlichen Lethargie. Schnell hole ich noch etwas Baguette vom Vortag, Marmelade und Butter aus dem Koffer und richte dieses kleine Frühstück dann auf dem Kofferdeckel an. Das Campingleben auf einer Motorradtour ist eher spartanisch, doch als ich mich dafür bei meinem griechischen Begleiter, auch im Hinblick auf die sicher unbequeme Nacht nur mit einer Decke, entschuldigen will, antwortet er nur: *„Besser ist es für Dich, auf Spreu zu liegen und guten Mutes zu sein als ohne Seelenfrieden auf goldenem Ruhebett zu liegen und an reich besetzter Tafel zu speisen."*

Nach einer weiteren Tasse Kaffee beginne ich, nachdem ich den in der Sonne zum Trocknen liegenden Schlafsack gewendet habe, mit dem Zusammenpacken der Ausrüstung. Danach werfe ich routinemäßig einen Blick auf das Motorrad, kontrolliere den Ölstand, schaue mir das Reifenprofil an und sehe bei der Gelegenheit auch nach den Bremsbelägen. Solche Dinge können enorm wichtig sein, wenn man einen Tag mit einem voll beladenen Motorrad samt Sozius auf steilen Alpenstraßen vor sich hat. (Eigentlich denke ich noch, dass das Unsinn ist, weil ich doch ohnehin noch zu träumen scheine, aber so manch lieb gewonnene Gewohnheit lässt sich anscheinend nicht einmal im Traum ablegen).

Epikur, der mich die ganze Zeit schweigend beobachtet hat, tritt neben mich und fragt: „Wohin soll die Reise den heute gehen, mein Freund?" Ich zeige ihm auf der Karte im Tankrucksack grob die geplante Route, wo ich einzukaufen und zu tanken gedachte und bis wohin ich etwa bis zum Abend kommen wollte. „Ah, und der weitere Weg führt Dich zum Mittelmeer, richtig?" „Ja, schon. Da wollte ich in ein paar Tagen sein." „Fein, dann kannst Du mich vielleicht bis dorthin mitnehmen, vielleicht finde ich dort ein Schiff, das mich nach Hause bringt. Lass uns losfahren, und ich erzähle Dir unterwegs etwas mehr über meine Philosophie der Freude."

Der Boxermotor springt beim ersten Druck auf den Anlasserknopf an, scheint aber zunächst die nächtliche Kälte regelrecht abschütteln zu müssen, bevor er nach einer Weile rund läuft. Jetzt, wo ich selbst auch noch etwas steif bin, erscheint das holprige Stück Schotterweg zurück zur Straße noch anstrengender als gestern Abend, aber wir schaffen es ohne Sturz, obwohl ich einmal einem offensichtlich ebenfalls noch schläfrigen Murmeltier ausweichen muss, weil es zu spät die Flucht ergreift.

Nach wenigen hundert Metern auf der glatten Asphaltstraße beginnt Epikur von hinten zu dozieren: *„Wenn ich erkläre, dass die Freude das Ziel des Lebens ist, dann meine ich damit nicht die Lüste der Schlemmer, noch die Lüste, die im Genießen selbst liegen, wie gewisse Leute glauben, die meine Lehre nicht verstehen, sie ablehnen oder böswillig auslegen. Ich verstehe unter Freude: keine körperlichen Schmerzen leiden und in der Seele Frieden haben.“* „Ist das alles?“ frage ich über die Schulter. „Nein, nicht ganz: *Seelenfriede und Schmerzlosigkeit sind ruhige Freuden; aber Lust und Frohsinn beschwingen den Tatendrang.“* „So wie meine Lust am Motorradfahren mich immer wieder zu neuen Reisen drängt?“ „Ja, so in etwa. Und ich fange wirklich an, diese Lust zu verstehen. Fahr schneller, mein Freund!“

Mittlerweile hat der Motor Betriebstemperatur und auch die Luft hat sich inzwischen soweit erwärmt, dass die Fahrt angenehm ist: Nicht so heiß, dass man in der Schutzkleidung schwitzen würde, aber warm genug, um nicht zu frieren (jedenfalls, was mich betrifft; dass Epikur in Toga und Sandalen nicht friert, zeigt einmal mehr, dass es sich um einen Traum handeln muss). Nachdem wir einen weiteren Pass überquert haben, windet sich die Straße in engen Serpentinen, die sich an eine beinah senkrechte Felswand schmiegen, in ein ausgedehntes Tal, in dem man bereits eine größere Ortschaft erkennen kann. Als wir sie wenig später erreichen, steuere ich einen großen Supermarkt mit angeschlossener Tankstelle an, um uns mit Lebensmitteln und Benzin zu versorgen.

Offensichtlich fassungslos, kopfschüttelnd, aber ohne ein Wort, folgt Epikur mir durch die langen Gänge zwischen dem riesigen Warenangebot hindurch, wie es uns völlig selbstverständlich erscheint, einem Zeitreisenden aus der Antike aber außerirdisch vorkommen muss. „Mir scheint", meint er nach einer Weile, „hier kann man beinahe alle Bedürfnisse und Begierden im Überfluss befriedigen." „Und das hatten Sie nie im Sinn?", frage ich, während ich mich einfach nicht zwischen Dutzenden Camembert-Sorten entscheiden kann. „Nein, bewahre! *Nichts genügt dem, der nicht mit wenigem zufrieden ist. Von den Begierden sind die einen natürlich und notwendig, die anderen natürlich und nicht notwendig; noch andere sind weder natürlich noch notwendig, entstehen vielmehr durch leeren Wahn.*" „Das heißt, nicht allen Begierden sollten wir nachgeben?" „Nein. *An alle Begierden sollen wir die Frage stellen: Was wird mir geschehen, wenn erfüllt wird, was ich begehre, und was, wenn es nicht erfüllt wird?"*

„Können Sie das an einem Beispiel verdeutlichen?", frage ich nach, weil mir der Sinn dieser Aussage noch nicht ganz klar ist. „Nun, nehmen wir einmal an, Du verspürst eine Begierde nach einem neuen, größeren und schnelleren Motorrad, weil Du annimmst, es würde Dir Glück bescheren. Dann prüfe, ob dies auch wirklich zutrifft, oder ob es sein könnte, dass Du zwar das neue Motorrad besitzt, aber nicht glücklich bist, weil Dir dann vielleicht das Geld für eine solche Reise fehlt. Und frage Dich, ob Du nicht glücklich sein kannst, ohne das neue Motorrad, z.B. gerade jetzt auf dieser Fahrt. Wenn dem so ist, dann ist ein neues Motorrad wohl kein wirklich taugliches Mittel zum Glück. Also frage Dich, was Du wirklich brauchst zum Glücklichsein. Und wenn dies eine Reise mit dem Motorrad ist, dann genügt dafür ja dasjenige, das Du bereits besitzt."

„Ich glaube, das verstehe ich so ungefähr", erwidere ich, den Blick immer noch auf das Käseregal gerichtet. „Sie wären heutzutage wahrscheinlich gut in der Umweltbewegung aufgehoben. Dort kritisiert man auch den unreflektierten Massenkonsum und seine Folgen für die Natur und mahnt ein ‚Maßhalten' an", bemerke ich, und entscheide mich trotz des höheren Preises unwillkürlich für den Bio-Käse.

Epikur ist jetzt scheinbar richtig in seinem Element: *„Der Reichtum, der der Natur gemäß ist, ist begrenzt und leicht zu beschaffen; der aber, nach dem törichte Menschen Verlangen tragen, geht ins Grenzenlose. Wir dürfen die Natur nicht vergewaltigen, sondern müssen ihr gehorchen; gehorchen werden wir ihr, wenn wir die notwendigen Begierden befriedigen, die natürlichen nur, wenn sie nicht Schaden bringen; die schädigenden aber müssen wir rücksichtslos unterdrücken."* „Das klingt für mich aber ziemlich radikal. Was unterscheidet denn die natürlichen und notwendigen von den nur natürlichen, aber nicht notwendigen Begierden?" „Nun, natürlich und notwendig sind jene Begierden, die bei Nichterfüllung Schmerz verursachen, wie Hunger oder Durst. Zwar ebenfalls natürlich, aber eben nicht notwendig sind solche Begierden, die keinen Schmerz beseitigen, aber die Freude erhöhen, wie kostbare Speisen. Weder natürlich noch notwendig ist hingegen z.B. das Streben nach Ehrungen durch Lorbeer und Denkmäler."

„Naja, das klingt auf den ersten Blick ganz einleuchtend", entgegne ich, „aber so ganz entspricht das nicht dem Stand der psychologischen Bedürfnisforschung. Maslow sagt Ihnen vermutlich nichts?" „Nein, sollte er?" „Abraham Maslow hat 1943 eine Theorie veröffentlicht, die allgemein als Bedürfnispyramide bekannt ist. Demnach gibt es verschiedene Stufen menschlicher Bedürfnisse (eigentlich ganz ähnlich wie bei Ihnen), die aber, wie bei einer Pyramide, hierarchisch aufeinander aufbauen: Ganz unten stehen physiologische Bedürfnisse, wie Hunger, Durst etc., dann kommen Sicherheitsbedürfnisse, dann soziale Bedürfnisse wie Familie, Freundeskreis u.ä., danach Individualbedürfnisse, zu denen durchaus auch Anerkennung, Lob oder Auszeichnungen (also Ihr ‚Lorbeer‘) gehören. Ganz oben, an der Spitze der Pyramide, steht dann das Bedürfnis nach Selbstverwirklichung.“

Epikur nickt nur stumm, also fahre ich fort: „Jedenfalls sind bei Maslow alle diese Bedürfnisse durchaus natürlich. Seine Theorie ist allerdings auch nicht unumstritten, und heute arbeitet man in der Psychologie mit sehr viel ausgefeilteren Modellen. Vor allem die strikte Hierarchie von Bedürfnissen muss man durchaus in Frage stellen. Es gibt ja z.B. durchaus Menschen, denen ihre Individualbedürfnisse wichtiger sind als Sicherheits- oder soziale Bedürfnisse. Aber was ich eigentlich sagen wollte: Ganz so einfach, wie in Ihrer Unterscheidung der notwendigen und nicht notwendigen Begierden, ist das mit der menschlichen Psyche nicht. Daran scheitern dann, nebenbei, oft auch die Appelle der Umweltschützer. In diesem Punkt kann man durchaus von den Ökonomen lernen, die setzen mehr auf Anreize.“

„Anreize? Kannst Du das erklären?“ „Ich will es versuchen: Anstatt den Leuten zu sagen, Sie sollen ihre ‚nicht notwendige' Begierde nach einem großen Geländewagen unterdrücken, kann man auch das Benzin mit einer Ökosteuer verteuern. Dann werden Kleinwagen mit weniger Benzinverbrauch für viele wieder interessanter, oder auch Motorräder oder Motorroller. Und man schafft außerdem einen Anreiz für die Automobilhersteller, sparsamere Motoren zu entwickeln oder nach alternativen Antriebstechniken zu suchen. Und vielleicht überlegt der eine oder andere ja auch, zum Bäcker das Fahrrad statt den Jeep zu nehmen." „Nun", antwortet Epikur mit, wie mir scheint, bemüht ruhiger Stimme, *„in einer wissenschaftlichen Auseinandersetzung hat der Unterlegene den größeren Gewinn, und zwar in dem Maße, in dem er etwas hinzulernt."*

Da ich in seinem Blick zu sehen glaube, dass Epikur trotzdem offensichtlich etwas getroffen ist davon, dass seine Ideen der modernen psychologischen oder ökonomischen Forschung womöglich nicht ganz standhalten, beeile ich mich hinzuzufügen: „Aber das mit der Selbstbeschränkung, mit der Frage danach, was bringt mir die Erfüllung einer Begierde, was würde es bedeuten, ihr nicht nachzugehen: Da ist schon was dran, wie auch die moderne Glücks- und Konsumforschung zeigt." „Ach ja? Erzähl mir davon."

„Gerne. Kurz gesagt: Konsum macht nicht (oder allenfalls kurzfristig) glücklich und die verbreitete Angewohnheit, sich abzurackern, um sich mit immer neuen Gütern zur Lustbefriedigung zu versorgen, wird auch schon als ‚hedonistische Tretmühle' bezeichnet. Der Grund liegt, ganz grob gesagt, darin, dass die ‚Belohnung' beim Konsumieren zu einfach erlangt wird und zu schnell eine Sättigung eintritt. Im Gegensatz dazu führen Tätigkeiten, die erst über einen Umweg zur Befriedigung von Bedürfnissen führen (sog. ‚Umwegsbefriedigung'), zu intensiveren und länger anhaltenden Glücksmomenten. Solche Tätigkeiten zeichnen sich dadurch aus, dass man zunächst Investitionen tätigen muss. So erfordert etwa das Erlernen eines Musikinstrumentes zunächst reichlich Mühen und unzählige Stunden fleißiger Übung. Aber wenn man es dann schließlich kann, ist die selbst gespielte Musik sehr viel befriedigender als das Anhören einer Musikkonserve. Übrigens kann man Motorradfahren durchaus ein wenig damit vergleichen: Ein Motorrad wirklich ‚virtuos' zu bewegen, erfordert ebenfalls lange Jahre Übung (die natürlich angenehmer ist, als die endlosen Fingerübungen des Musikers), aber eine wirklich sauber gefahrene Linie auf solch einer Passstraße, wie wir sie vorhin gefahren sind, verschafft einem dann auch wirklich große Befriedigung."

Epikur lächelt nun wieder und erwidert: „Aber mein Freund, auch ich habe schon gesagt, *wir müssen uns also um das bemühen, was uns die Glückseligkeit schafft.* Auch wenn ich es nicht so mit dem Musizieren (oder gar Motorradfahren) habe, sondern mehr mit dem Philosophieren. Und wie anscheinend beim Motorradfahren, ist auch dabei schon die Übung angenehm, *bei der Philosophie hält die Freude mit der Erkenntnis gleichen Schritt, denn der Genuss folgt nicht auf das Lernen, sondern Lernen ist zugleich Genuss.*" „Aber der Genuss folgt aus der Tätigkeit des Lernens, aus der Anstrengung des Geistes, und ist eben deshalb größer und andauernder, als bei passivem Konsum."

„Gewiss, und nur das Denken hilft uns, unsere Begierden zu zügeln! *Das Fleisch setzt die Grenzen seiner Begierde nach Freude ins Unendliche, und nur eine unendliche Zeit könnte ihm Freude zur Genüge verschaffen. Das Denken aber, das über den Zweck und die Endlichkeit des Fleisches Klarheit gewonnen und die Ängste vor der Ewigkeit beseitigt hat, verschafft das vollkommene Leben und bedarf dazu durchaus keiner unendlichen Zeit. Der denkende Mensch flieht indes weder die Freude, noch endigt er, wenn er aus dem Leben scheiden muss, so, als habe er das höchste Lebensglück irgendwie verfehlt.*"

In der Zwischenzeit sind wir mit unserem Einkauf an der Kasse angelangt, und nachdem ich bezahlt habe, verstaue ich die Sachen draußen am parkenden Motorrad in Koffern und Tankrucksack. Gar nicht so einfach, zumal ich auch eigens eine Flasche Wein gekauft habe, da Epikur das Bier am Vorabend sichtlich nicht sonderlich geschmeckt hat. Neben dem Supermarkt befindet sich ein kleines Café, und ich frage den Griechen, der nachdenklich neben mir steht, was er von einem Kaffee und einem Croissant halten würde. Mein philosophischer Sozius lächelt vieldeutig und antwortet schließlich: „*Auch die Bedürfnislosigkeit hat ihre Grenzen; wer sie nicht beachtet, verfällt in einen ähnlichen Fehler wie jener, der seine Bedürfnisse ins Maßlose steigert. Ich habe die Selbstgenügsamkeit nicht gepriesen, um mich durchaus nur mit schlichten und billigen Speisen zu ernähren, sondern um imstande zu sein, mich damit zufrieden zu geben.* Und mein Freund, unser Frühstück heute Morgen, das war schon sehr schlicht."

Kapitel 5:

Wer hat Angst vorm Sensenmann?

Vor uns liegt der höchste überfahrbare Alpenpass, mit 2770 Metern Höhe. Zunächst geht es in schwindelerregenden Kurvenkombinationen in das Hochtal der Isère, vorbei an einem Stausee erreichen wir den nach dem Tal benannten, weltberühmten Wintersportort. Danach führt die Straße zunächst mit mäßiger Steigung an einem Berghang entlang, bis nach einer scharfen Rechtskurve über eine Brücke der eigentliche Anstieg zur Passhöhe beginnt. Je höher sich die Straße windet, umso spärlicher wird die Vegetation und umso dünner die Luft. Bei meinem alten Motorrad mit Vergaser hat man immer einen deutlichen Leistungsverlust gespürt, die Einspritztechnik des jetzigen Modells passt hingegen die Benzinmenge automatisch dem verminderten Sauerstoffangebot an.

Ich muss angesichts des Philosophen auf dem Soziussitz an ein Zitat von Friedrich Nietzsche denken, ein Freund der epikureischen Lehren, der die Philosophie mit einer Wanderung im Hochgebirge verglich: „Wer die Luft in meinen Schriften zu atmen weiß, weiß, dass es eine Luft der Höhe ist, eine starke Luft. Man muss für sie geschaffen sein, sonst ist die Gefahr keine kleine, sich in ihr zu erkälten. Das Eis ist nahe, die Einsamkeit ist ungeheuer – aber wie ruhig alle Dinge im Lichte liegen! Wie frei man atmet! Wie viel man unter sich fühlt! – Philosophie, wie ich sie bisher verstanden und gelebt habe, ist das freiwillige Leben in Eis und Hochgebirge.“

Auf der Passhöhe machen wir eine kurze Rast, bestaunen die Aussicht und geben uns schweigend ganz der hochalpinen Szenerie hin. Mit Genugtuung stelle ich dabei fest, dass das Wetter auf der Südseite weiterhin strahlend schön ist. Das ist nicht selbstverständlich, weil der Pass, wie ich aus Erfahrung weiß, häufig als Wetterscheide funktioniert. Ich ahne noch nicht, wie wichtig der Umstand für uns werden sollte, dass die Straße trocken ist. Epikur schlendert ein wenig auf dem Parkplatz umher und betrachtet interessiert die zahlreichen anderen Motorräder, die dort abgestellt sind. Die gesamte Modellpalette ist vertreten: Vom Chopper über Tourer und Reiseenduros bis hin zu Supersportlern im grellbunten Plastikkleid.

Wieder bei meinem Motorrad angelangt, bemerkt er: „Wenn ich so die meisten der anderen Motorräder anschaue, scheint Deines nicht gerade zu den neueren zu gehören. Die anderen blitzen und blinken in der Sonne, bei Deinem ist der Lack matt und überall sind Gebrauchsspuren zu erkennen. Würdest Du nicht auch gerne ein neueres Modell fahren?" Ist das jetzt ein Test, ob ich meine Lektion im Zügeln unserer Begierden auch gelernt habe? „Mir ist mein Motorrad ans Herz gewachsen. Und jeder Kratzer ist für mich eine Erinnerung an eine frühere Reise. Mir reicht es jedenfalls, ich bin zufrieden." Epikur lächelt mich strahlend an, und wie zur Bestätigung, dass ich den Test wohl bestanden habe, sagt er: *„Wir dürfen das, was wir haben, nicht entwerten durch das Verlangen nach dem, was wir nicht haben, sondern müssen bedenken, dass auch unsere jetzige Habe uns einmal als etwas Wünschenswertes erschienen ist."*

Wir fahren schließlich weiter. Kurz nachdem wir zunächst eine Brücke und direkt dahinter eine Felsspalte passiert haben, fährt plötzlich ein entgegenkommendes Wohnmobil ohne zu blinken über unsere Fahrspur, um auf einen kleinen Parkplatz mit besonders schöner Aussicht zu gelangen. Der Fahrer war scheinbar so sehr von der Landschaft abgelenkt, dass er uns überhaupt nicht bemerkt hat. Ich mache eine Vollbremsung und versuche, die 400kg-Fuhre unter Kontrolle zu behalten. Ein lautes Rattern und das Pulsieren im Bremsgriff zeigen das Eingreifen des Antiblockiersystems an. Epikur rutscht mir mit seinem ganzen Gewicht in den Rücken und drückt mich schmerzhaft auf den Tank. Wenige Zentimeter vor dem nunmehr quer auf der Straße stehenden

Wohnmobil kommen wir zum Stehen. Als ich die Füße auf den Boden stelle, um das Motorrad am Umfallen zu hindern, merke ich, wie ich am ganzen Leib zittere. Wellen von Adrenalin durchströmen meinen Körper.

Linksabbieger, die ein entgegenkommendes Motorrad übersehen – ein Klassiker der Unfallursachen bei Kollisionen zwischen Autos und Krafträdern. Wir hatten noch einmal Glück, aber nachdem ich dem träumenden Wohnmobilfahrer noch einen Fluch mit auf den weiteren Weg gegeben habe, halte ich bei nächster Gelegenheit an, um mich etwas zu beruhigen. Raucher würden sich in so einem Moment eine Zigarette anzünden, mir als Nichtraucher bleibt nur, mich neben dem Motorrad ins Gras zu setzen und den Blick in die Hochgebirgs-Landschaft schweifen zu lassen, die eine ganz eigene Ruhe und Kraft ausstrahlt.

Nach ein paar Minuten setzt sich Epikur neben mich, ihn scheint der Vorfall nicht aus der Ruhe gebracht zu haben. Naja, kein Wunder, wenn man schon seit mehr als 2000 Jahren tot ist. Ich hingegen möchte noch keineswegs aus dem Leben scheiden, aber Momente, wie der gerade eben, erinnern einen schmerzlich daran, dass irgendwann für jeden von uns die letzte Stunde schlägt. Und sie erinnern daran, dass Motorradfahren eben nicht frei von Risiken ist. Ein Zusammenstoß, der in einer Blechkarosse mit Knautschzone und Airbags glimpflich ausgeht, kann auf dem Motorrad trotz Schutzkleidung tödlich enden, da darf man sich nichts vormachen. Man kann, ja muss dieses Risiko ein Stück weit durch entsprechende vorausschauende Fahrweise relativieren, und tatsächlich entwickeln die meisten Motorradfahrer im Laufe der Zeit so etwas wie einen sechsten Sinn, eine besonders feine Antenne für schlafende Autofahrer oder schlechte Straßenzustände. Aber es bleibt eben ein Risiko, wie vorsichtig man auch immer fahren mag.

„Das war knapp", sage ich, mehr zu mir selbst als zu meinem Begleiter. „Das hätte unser Tod sein können." „Und wenn es so wäre, was bedeutete es Dir?", fragt mich der Philosoph mit einem herausfordernden Blick. „*Gewöhne Dich daran, dass der Tod für uns ein Nichts ist. Denn alles Gute und alles Schlimme beruht darauf, dass wir es empfinden. Verlust aber dieser Empfindung ist der Tod.*" Und noch bevor ich etwas erwidern kann, fährt Epikur fort: „*Deshalb macht die rechte Erkenntnis, dass der Tod für uns ein Nichts ist, die Sterblichkeit des Lebens zu einer Freude. Für den, der recht begriffen hat, dass es im Nichtleben nichts Schreckliches gibt, für den gibt es ja auch im Leben nichts Schreckliches.*" „Ich weiß nicht so recht", antworte ich zögernd, „womöglich habe ich keine Angst davor, tot zu sein, denn dann fühle ich vermutlich wirklich nichts mehr, aber die Tatsache, dass das Ende irgendwann bevorsteht, beunruhigt mich schon."

„Ach, es *ist ein Tor, wer da erklärt, er fürchte den Tod nicht, weil er Leid zufügen werde, wenn er da sei, sondern weil er Leid zufüge, da er bevorstehe. Es ist unsinnig zu glauben, was nicht beunruhige, wenn es da sei, werde Leid zufügen, weil es zu erwarten sei.*"

„Ich glaube, darüber muss ich noch etwas länger nachdenken." „Ja, tu das, mein Freund, dann wirst Du erkennen: *So ist also der Tod, das schauervollste Übel, für uns ein Nichts; wenn wir da sind, ist der Tod nicht da, aber wenn der Tod da ist, sind wir nicht mehr.*" „Das klingt wirklich einleuchtend, aber warum ist dann die Furcht vor dem Tod so weit verbreitet?" „*Die große Menge freilich flieht den Tod bald als das größte Übel, bald sehnt sie ihn herbei als ein Ausruhen von den Mühsalen des Lebens.*" Oder in Erwartung himmlischer Belohnungen für irdisches Märtyrertum, denke ich im Stillen in Erinnerung an meine Überlegungen am gestrigen Abend. „*Der Weise jedoch*", fährt Epikur fort, „*weicht weder dem Leben aus, noch fürchtet er das Nichtleben. Das Leben ist ihm nicht zuwider, noch hält er das Nichtleben für ein Übel.*"

Selbst wenn ich Epikurs Argumenten soweit folge (und sie haben ja wirklich etwas für sich; in der Zeit, bevor ich geboren wurde, hatte ich ja auch keine Empfindungen, und der Tod bedeutet womöglich tatsächlich nur die Rückkehr in diesen Zustand), so bleibt doch eine andere Sorge, die vermutlich jeder kennt: Vielleicht bereitet einem nicht der Tod, sondern das Sterben die größte Angst. Wer wünscht sich nicht insgeheim einen schnellen Tod anstelle eines langen, qualvollen Siechtums. Wenn ich genau darüber nachdenke, dann wäre eine schlimme Verletzung, womöglich eine bleibende Behinderung als Folge des Beihnahunfalls mit dem Wohnmobil vielleicht eine noch schlimmere Vorstellung als die eines tödlichen Ausgangs. Die aktuellen Debatten um Sterbehilfe, Patientenverfügungen und ähnliches zeigen ja deutlich, dass dies entscheidende Fragen sind, vor denen viele Menschen stehen.

„Wie ist es mit der Angst vor Verletzungen, Krankheit und Schmerzen?", frage ich Epikur. „Diese verursachen doch sehr wohl Leid, wenn sie da sind." *„Jeder Schmerz ist leicht zu verachten; bringt er schweres Leiden, so dauert er nur kurze Zeit, sitzt er lange im Fleische, dann ist das Leid gering"*, kommt prompt seine Antwort. „Meinen Sie das ernst?" „Aber natürlich. *Der Schmerz dauert nicht ununterbrochen im Fleische, sondern der heftigste Schmerz währt nur sehr kurze Zeit; wenn er nur die Freude im Fleisch übersteigt, bleibt er nicht viele Tage. Auch längerwährende Schwächezustände bergen immer noch ein Mehr von Freude als von Schmerz im Fleische."*

Ich weiß natürlich, dass die Frage des Schmerzempfindens auch eine kulturelle Frage ist, und zu Epikurs Lebzeiten dürften die Menschen durchaus weniger empfindlich gewesen sein, als wir es heutzutage sind. Trotzdem überzeugt mich der alte Grieche in diesem Punkt keineswegs, und falls Sie zu den bedauernswerten Menschen gehören sollten, die unter chronischen Schmerzen leiden, werden Sie erst recht protestieren. Da tröstet es mich doch schon viel mehr, dass gerade in jüngerer Zeit viel Forscherschweiß für die Verbesserung von Schmerztherapien und in der sogenannten Palliativmedizin vergossen wird, also jenem (bisher eher vernachlässigten) Zweig der ärztlichen Kunst, den man als Sterbebegleitung bezeichnen könnte und der sich der Aufrechterhaltung einer möglichst hohen Lebensqualität unheilbar Kranker verschrieben hat.

Ich vermute, Epikur, der nicht einmal Aspirin kannte, würde diese Bemühungen, den Schmerz zu besiegen, durchaus gutheißen, auch wenn er zum Schmerz auch das folgende bemerkt hat: „*Auch körperliche Schmerzen können uns manchmal von Nutzen sein, indem sie uns lehren, uns vor ähnlichem zu bewahren.*" Epikur selbst hat übrigens nach allem, was überliefert ist, auch in dieser Hinsicht seine eigenen Lehren auch vorgelebt. In seinem letzten Brief, an Idomeneus, schreibt er: „*An diesem wahrhaft glücklichen Tag meines Lebens, der mein letzter ist, schreibe ich euch dies: Schmerzen durch Harnzwang und Ruhr folgen einander; sie haben eine solche Stärke erreicht, dass sie sich nicht mehr steigern können. All diese Schmerzen aber wiegt auf die*

Freude meines Herzens in der Erinnerung an die Unterredungen, die wir miteinander geführt haben."

Mit „Harnzwang" sind womöglich Nierenkoliken gemeint, und da fällt mir ein anderer, unmittelbarer Zusammenhang zwischen der Möglichkeit der modernen Medizin, Leiden zu mindern, und einer epikureischen Einstellung zum Tod ein: Tausende Menschen leiden an Organerkrankungen und könnten durch ein Spenderorgan ein gutes Stück an Lebensqualität zurückgewinnen, für viele ist die Transplantation sogar der einzige Weg, am Leben zu bleiben. Vielleicht würden sich ja (endlich!) mehr Menschen dazu durchringen, ihre Organe im Falle des eigenen Todes zu spenden, wenn sie erst einmal Epikurs Lehren zum Tod akzeptiert hätten. Für mich jedenfalls hat das etwas durchaus Tröstliches: Wenn mein Leben tatsächlich vorhin in der Karosserie eines Wohnmobils ein jähes Ende gefunden hätte, so hätte doch der Organspenderausweis in der Motorradjacke dafür gesorgt, dass anderen Menschen geholfen werden könnte. Das ist doch auch eine Möglichkeit für ein Leben nach dem Tode.

Kapitel 6:

Ist das auch gerecht?

Unser Lagerplatz an diesem Abend ist noch schöner als der gestern: ein grünes Hochtal, an beiden Seiten von ebenso grünen Berghängen eingerahmt, am oberen Ende eine steil aufragende Felswand, an der ein Wasserfall tosend in die Tiefe rauscht. Inmitten des Tals ein kleiner See, der türkisgrün in der Nachmittagssonne glänzt. Noch bevor ich das Motorrad ablade, reiße ich mir die verschwitzte Motorradkleidung förmlich vom Leib, springe in das erfrischende Nass und wasche mir neben Schweiß und Staub auch den Schrecken unseres Beinahzusammenstoßes vom Körper. Epikur begnügt sich damit, die Sandalen auszuziehen, seine Toga etwas zu raffen und zumindest mit den Füßen ins Wasser zu gehen, dann legt er sich unweit des Motorrades ins Gras und schließt die Augen, um sich etwas auszuruhen. Gerade wenn man es nicht gewohnt ist, ist eine Reise auf dem Motorrad durchaus anstrengend – vermutlich umso mehr, wenn man über 2000 Jahre alt ist.

Während ich mich nach dem erfrischenden Bad abtrockne und den dösenden Griechen beobachte, muss ich mir eingestehen, dass ich seine Gegenwart inzwischen regelrecht genieße und mich schon auf anregende Gespräche am Lagerfeuer freue. Zunächst muss ich dafür allerdings den Weg, den wir heraufgekommen sind, wieder ein paar hundert Meter hinunter gehen, um in einem kleinen Wald, an dem wir vorbeigefahren sind, etwas Feuerholz zu sammeln. Ich nehme einen Packriemen, um damit ein Bündel schnüren zu können, und mache mich auf den Weg. In Gedanken versuche ich noch einmal die wichtigsten Aussagen meines philosophischen Reisegefährten zusammenzufassen:

Epikur will zu allererst einen Weg aufzeigen zu einem Leben völlig frei von Furcht: Die Götter, deren Existenz er nicht leugnet, muss man nicht fürchten, weil diese sich selbst genug sind und gar nicht auf die Idee kämen, sich dazu herabzulassen in menschliche Schicksale einzugreifen. (Deshalb haben wir andererseits von ihnen auch nichts zu erbitten, was Epikur aber ebenfalls positiv sieht. Denn *„wenn die Gottheit die Bitten der Menschen erfüllte, dann wären alle Menschen ziemlich schnell zugrunde gegangen, da sie unaufhörlich viel Schlimmes gegeneinander erbitten.“*) Den Tod, das scheinbar größte Übel, muss man ebenfalls nicht fürchten, weil er nicht da ist, solange man selbst ist, und weil man selbst nicht mehr ist, wenn der Tod da ist.

Selbst Schmerzen, die Epikur als Übel erkennt, soll man nicht fürchten, weil sie nur kurz währen, wenn sie wirklich schlimm sind, und erträglich sind, wenn sie lange währen. Gut, im letzten Punkt bin ich weiter skeptisch, aber o.k. Epikur selbst fasst seine Ideen in den „vier Heilmitteln" zusammen, die man jederzeit zur Hand haben sollte:

„Vor der Gottheit brauchen wir keine Angst zu haben.
Der Tod bedeutet Empfindungslosigkeit.
Das Gute ist leicht zu beschaffen.
Das Schlimme ist leicht zu ertragen."

Hat man derart erst einmal die Furcht überwunden, kann man die Seelenruhe im Diesseits erlangen, wozu es nötig ist, seinen eigenen Begierden Grenzen zu setzen. Epikur predigt dabei aber nicht Askese um ihrer selbst willen, sondern Selbstgenügsamkeit, um jederzeit mit dem, was man mit gegebenen Möglichkeiten erreichen kann, zufrieden zu sein, wobei man sich aber durchaus Freuden gönnen kann, wenn sie zur Verfügung stehen (und man soll durchaus seine Talente einsetzen, um sich ein angenehmes Leben zu ermöglichen: *„Wir müssen gleichzeitig lachen und philosophieren, unser Haus verwalten und alle unsere übrigen Fähigkeiten nutzen, dabei niemals davon ablassen, die Stimme der wahren Philosophie hören zu lassen."*)

Epikurs Philosophie war (und ist bis heute) zahlreichen Fehldeutungen bis hin zu Diffamierungen ausgesetzt, vor allem auch durch die Kirchen, die eine Philosophie der Furchtlosigkeit und Diesseitigkeit geradezu als eine Bedrohung und eine Gefahr für eigene Machtansprüche empfinden müssen, die ja nicht zuletzt in ihren Jenseitsversprechungen begründet liegen. Ganz praktisch ausgedrückt: Ein Epikureer würde keinen Cent ausgeben, um sich von Sünden frei zu kaufen und sich deshalb jeder Form des Ablasshandels widersetzen. Aber selbst Luther beschimpfte seine Gegner noch gerne als „Epikureer", was im Mittelalter als Inbegriff des ausschweifenden Genießers und Sklaven der eigenen Begierden galt. In der neuzeitlichen Philosophie war es vor allem Friedrich Nietzsche, der Epikur zu rehabilitieren versuchte: „Ein Gärtchen, Feigen, kleiner Käse und dazu drei oder vier gute Freunde – das war die Üppigkeit Epikurs."

Mittlerweile habe ich ein ansehnliches Bündel Holz gesammelt, das ich mit dem Packriemen zusammenschnüre und mir dann über die Schulter werfe. Ganz schön schwer. Und in diesem Moment, da ich das Feuerholz schleppe und der weise Philosoph ein paar hundert Meter weiter oben im Gras ausruht, dämmert mir, dass eine mögliche Kritik an Epikurs Lehren noch nicht ganz ausgeräumt ist: wirken sie nicht letztlich ziemlich egoistisch? Ich nehme mir fest vor, ihn heute Abend danach zu fragen!

Als ich wieder an unserem Lagerplatz ankomme, scheint mein Begleiter tief und fest zu schlafen. Die Sonne verschwindet gerade hinter den schneebedeckten Gipfeln, die unserem Tal gegenüberliegen, und sofort wird es empfindlich kühl. Den Berghang links von mir kommen langsam ein paar Kühe heruntergetrottet, das Bimmeln der Kuhglocken verbreitet eine geradezu anheimelnde Atmosphäre. Im Fernsehen wäre diese Szene purer Kitsch, hier und jetzt, mittendrin, ist es Balsam für die Seele. Ich errichte mit ein paar Steinen eine Feuerstelle, und als das Feuer brennt, lege ich den Grillrost darüber. Wenn ich Epikur richtig verstanden habe, muss es nicht immer eine einfache Suppe sein, deshalb gibt es heute Lammkoteletts vom Grill, dazu Salat – und hinterher Bio-Camembert. Während ich warte, bis ausreichend Glut zum Grillen vorhanden ist, schneide ich ein paar Tomaten, eine Salatgurke und Zwiebeln. Epikur erwacht wenig später, vermutlich vom Duft des Lammfleischs, der vom Grill in den Abendhimmel aufsteigt.

Nach dem Essen, das meinem Begleiter sichtlich geschmeckt hat (zumal er diesmal Wein dazu trinken konnte), machen wir es uns am Lagerfeuer bequem. Am Himmel sind die ersten Sterne zu sehen, vom Großen Wagen schweift der Blick zum Polarstern, der die Richtung anzeigt, aus der wir gekommen sind, nach und nach wird dann auch der Rest vom Kleinen Wagen sichtbar. Ein kalter Windstoß fährt in meinen Rücken, und als ich mich umblicke, sehe ich, dass aus dem Tal Wolken nach oben ziehen. Fernes Donnergrollen und Wetterleuchten am Horizont zeigen, dass ein Gewitter im Anzug ist. Ich entschließe mich, direkt auf den Punkt zu kommen: „Ist es denn richtig, dass es in Ihrer Philosophie letztlich um Selbstzufriedenheit geht? Ist das nicht alles sehr egozentrisch oder sogar egoistisch?" „Ach mein Freund, Selbstzufriedenheit, wie Du es nennst – ich würde es eher Seelenfrieden nennen – und eine friedvolle, gerechte und sozialverträgliche Lebensweise gehören für mich untrennbar zusammen. *Der gerechte Mensch erfreut sich des größten Seelenfriedens, während der ungerechte übervoll ist von Unfrieden.* Freudvoll leben nach meinen Lehren und anständig und gerecht zu leben, gehören zusammen. *Anfang und höchstes Gut bei alledem ist die Vernunft. Deshalb ist die Vernunft sogar wertvoller als das Philosophieren. In ihr wurzeln alle übrigen Tugenden. Sie ist es, die lehrt, dass man nicht freudvoll leben kann, ohne vernünftig, anständig und gerecht zu leben, aber auch nicht vernünftig, anständig und gerecht, ohne freudvoll zu leben.*"

„Ich sehe schon", sage ich nach einem Moment des Nachdenkens, „ich hänge wohl immer noch zu sehr an meinen Vorurteilen über Ihren Begriff von Lust und Freude fest. So wie Sie das sagen, klingt es tatsächlich gar nicht mehr egoistisch." „Ja, zumal derjenige, der sich meine Lehren erst richtig zu eigen gemacht hat, allen Grund hat zur Friedfertigkeit. *Wer die Grenzen des Lebens kennt, weiß, dass leicht zu beschaffen ist, was den Schmerz des Entbehrens beseitigt und was das ganze Leben vollkommen macht. Daher hegt er durchaus kein Verlangen nach Dingen, die mit Kämpfen verbunden sind. Wer in sich selber Frieden hat, schafft weder sich noch anderen Unruhe.*" In der Tat, wenn ich mir vorzustellen versuche, wie die Geschichte seit der Antike wohl verlaufen wäre, wie viele Kriege nicht geführt worden wären, wenn die Menschen sich an den epikureischen Lehren orientiert hätten, anstatt sich wegen Besitz, Ruhm, Macht oder Religion gegenseitig die Köpfe einzuschlagen, dann kann ich an Epikurs Philosophie nichts antisoziales mehr erkennen.

Die Wolken sind mittlerweile immer dichter geworden, das Donnergrollen ist merklich näher gekommen. Wir müssen unser Gespräch unterbrechen, und im Schein der Stirnlampe baue ich schnell das Zelt auf und lege Epikurs Decke und meinen Schlafsack hinein. Noch ist es trocken, und noch hoffe ich, dass das Gewitter vorüber zieht, aber sicher ist sicher. „Aber was genau verstehen Sie eigentlich unter Gerechtigkeit bzw. unter einem ‚gerechten' Leben?" nehme ich schließlich, zurück am Lagerfeuer, den Gesprächsfaden wieder auf. „*Die Gerechtigkeit ist eine Übereinkunft, die einen Nutzen im Auge hat, nämlich einander nicht zu schädigen und voneinander nicht Schaden zu erleiden.*" „Gerechtigkeit als Übereinkunft? Klingt ganz nach der Vertragstheorie eines Thomas Hobbes oder John Locke. Und dass diese Übereinkunft den Nutzen im Auge hat, klingt nach Utilitarismus." „Wie bitte?" „Ach so, können Sie ja nicht kennen. Als Vertragstheorie bezeichnet man die Vorstellung, dass Gesellschaften dadurch entstehen, dass Individuen einen (meist nur gedachten) Gesellschaftsvertrag schließen, um die Gewalt aller gegen alle, die im Naturzustand herrscht, zu überwinden. Also im Prinzip genau so, wie Sie das sagen: um gegenseitige Schädigungen auszuschließen. Und der Utilitarismus wurde vor allem von Jeremy Bentham und John Stuart Mill entwickelt. Es ist eine sogenannte teleologische (also auf ein Ziel gerichtete) Ethik, die den Begriff des Nutzens bzw. der Nützlichkeit in den Mittelpunkt stellt. Bentham war vermutlich durch Ihre Schriften beeinflusst, denn er erklärte das Streben nach Leidvermeidung einerseits und nach Glücksmaximierung andererseits zu den zentralen menschlichen Triebfedern."

„Ja, das habe ich doch immer schon gesagt! *Dafür, dass die Freude das höchste Ziel unseres Lebens ist, liegt der Beweis darin, dass die lebenden Wesen von Geburt an daran Gefallen finden, dagegen dem Schmerz naturgemäß und unbewusst sich widersetzen.*" „Ja, jedenfalls folgert Bentham, dass alle Handlungen gut sind, die das Glück befördern, und zwar je mehr, desto besser. Er sprach vom ‚größten Glück der größten Zahl‘, scheint also vor allem auf die Quantität des Glücks abgezielt zu haben. John Stuart Mill betonte dagegen, dass es auch auf die Qualität der Glücksempfindung ankommt, kulturelle, spirituelle und intellektuelle Befriedigung sei rein körperlichen Befriedigungen vorzuziehen.“ „Mein Reden!“, bemerkt Epikur prompt.

„Und diese Übereinkunft zur Gerechtigkeit, hat die überall und für alle Zeiten Gültigkeit?“, frage ich interessiert. „Nein“, erwidert Epikur, „*In einem Gemeinwesen gilt allen ein und dasselbe für gerecht; denn es bringt in der Gemeinschaft der Menschen untereinander Nutzen. Doch aus der Besonderheit eines Landes und aus allen möglichen Veranlassungen ergibt es sich, dass nicht allen Menschen ein und dasselbe für gerecht gelten kann.*“

Ich werde hellhörig. Diese Position hat einen deutlich relativistischen Charakter, und auch wenn manche Philosophen auch heute noch ganz ähnlich argumentieren, regt sich in mir Widerspruch. Wenn Gerechtigkeit sich tatsächlich darin erschöpfen würde, was in einer jeweiligen Gesellschaft gerade als nützlich angesehen wird, dann müsste man vermutlich auch die mittelalterliche Hexenverfolgung oder die Scharia als „gerecht“ bezeichnen, was mehr als nur ein ungutes Gefühl hinterlässt. Epikur selbst kann man vermutlich keinen Vorwurf machen, gab es doch zu seinen Lebzeiten allenfalls vage Ansätze zu einer der wichtigsten Ideen der Menschheitsgeschichte: Der Idee der universalen, unveräußerlichen Menschenrechte. Ganz bewusst postuliert diese Idee eine Form der Gerechtigkeit, die unabhängig ist von den kontingenten Umständen an verschiedenen Orten oder zu verschiedenen Zeiten. Deshalb, und nur deshalb, können in Den Haag Verbrechen gegen die Menschlichkeit angeklagt werden, die aus Sicht nationalen Rechts womöglich legitimiert erscheinen. In diesem Punkt bin ich der festen Überzeugung (und froh!), dass wir gegenüber der Antike einen echten Fortschritt erzielt haben (auch wenn ich mir bewusst bin, wie brüchig dieser Fortschritt ist und wie sehr wir Tag für Tag weiter daran arbeiten müssen).

Das wird ein langer Abend, bis ich Epikur das erklärt habe. Und es ist wohl gut, dass er mit den aktuellen Geschehnissen unserer Zeit nicht vertraut ist. Er würde mir sonst am Ende vielleicht eine Frage stellen, die ich wirklich nicht beantworten könnte: Wie kann in dem Land, dessen Unabhängigkeitserklärung zu den Meilensteinen der Geschichte der Menschenrechtsidee zählt, im 21. Jahrhundert Guantanamo möglich sein? In diesem Moment fallen die ersten schweren Regentropfen, und nur kurze Zeit später öffnet der Himmel seine Schleusen vollends, das Lagerfeuer erlischt mit lautem Zischen und wir flüchten uns ins Zelt.

Schon im Schlafsack liegend, kurz vor dem Eindösen, drängt sich mir doch noch eine Frage auf: Die innere Seelenruhe, die den epikureischen Weisen gleichgültig macht gegenüber solch Verlockungen wie Ruhm oder Macht, die ihn im Verborgenen leben lässt, wie Epikur rät, und die ihn deshalb aber auch friedfertig macht, sie mag verhindern, dass er andere schädigt. Aber ist er dann nicht auch gleichgültig gegenüber den Leiden anderer? „Nichtschädigung" als ethisches Prinzip ist eher passiver Natur, aber wie steht es mit Engagement und aktivem Einsatz für die Belange anderer? Darauf angesprochen murmelt Epikur, schon fast schlafend und durch das laute Prasseln des Regens auf der Zeltwand kaum hörbar: *„Das Leid unserer Freunde bewege uns nicht zum Klagen, sondern zum Helfen."*

Kapitel 7:

Abschied

Der letzte Pass ist überwunden, von nun an führt die Straße nur noch bergab bis an die Küste des Mittelmeers. Mit jedem Kilometer, den wir zurücklegen, wird die Luft wärmer, die Vegetation üppiger, leider auch der Verkehr dichter. Das letzte Wegstück durch den Stop-and-Go-Verkehr in der drückend heißen, quirligen Küstenstadt, fordert noch einmal die volle Kraft und Konzentration. Der Schweiß läuft in Rinnsalen über den Rücken und auch das Helmfutter ist klatschnass, als wir endlich am Hafen ankommen. Während Epikur sich auf den Weg macht zu den Büros der Reederei, um eine Passage nach Piräus zu organisieren, suche ich mir ein schattiges Plätzchen unter einigen Platanen und beobachte das geschäftige Hafentreiben, die Fähren, Frachter und Segelboote, atme die salzige Seeluft mit ihrem typischen Geruch und lausche dem Kreischen der Möwen.

Die letzten Tage ziehen an mir vorbei, die Gespräche mit Epikur und die Einsichten, die sie mir vermittelt haben, und ich frage mich, ob all die Menschen, die vielbeschäftigt um mich herum eilen, sich auch gelegentlich einen Moment der Muße gönnen, um über ihr Leben nachzudenken: die Hafenarbeiter, Lkw-Fahrer und Matrosen vor mir, oder die vielen Passanten, die hinter mir auf der Uferpromenade entlangeilen, mit Einkaufs- oder Aktentaschen beladen, mindestens jeder Zweite mit einem Mobiltelefon am Ohr, scheinbar ohne Blick für das Meer, das sich am Horizont bereits rötlich zu färben beginnt und damit vom bevorstehenden Sonnenuntergang kündet. Epikurs Worte fallen mir wieder ein: *„Wir sind ein einziges Mal geboren; zweimal geboren zu werden ist nicht möglich...Und da schiebst du das, was Freude macht auf, obwohl du nicht einmal Herr bist über das Morgen? Über dem Aufschieben schwindet das Leben dahin, und so mancher von uns stirbt, ohne sich jemals Muße gegönnt zu haben."*

Hat diese wahrlich ungewöhnliche Motorradfahrt mein Leben verändert? Nicht schlagartig oder spektakulär, aber doch merklich: Den Augenblick mehr zu schätzen, bewusster zu leben, dass habe ich mir jedenfalls fest vorgenommen. Nachdenklicher bin ich vielleicht geworden, und den Spaß am Philosophieren habe ich entdeckt. Und wie hat es Epikur ausgedrückt: *„Man soll sich nicht den Anschein geben, als treibe man Philosophie, sondern man soll wirklich philosophieren. Es nützt uns auch nichts, uns den Anschein der Gesundheit zu geben, sondern wir müssen wirklich gesund sein."* Und während ich diesem Gedanken noch nachhänge, fordert die Anstrengung des Tages ihren Tribut und ich döse ein unter der Platane in diesem Mittelmeerhafen.

Als ich schließlich aufwache, bin ich immer noch allein, Epikur ist nirgends zu sehen. Die Sonne ist schon fast ganz untergegangen, nur ein kleiner roter Halbkreis ist noch am Horizont zu sehen, davor die Silhouette eines Schiffes mit Kurs Süd – vielleicht mit Piräus als Zielhafen? Würde Epikur abfahren, ohne sich zu verabschieden? Oder bin ich erst jetzt endgültig aus einem Traum erwacht? Ich reibe mir die Augen und beginne unwillkürlich zu lächeln. Da haben wir des Rätsels Lösung, alles war nur ein Traum nach einem langen Fahrtag auf dem Motorrad während eines Schlummers im Hafen. Ich nehme kopfschüttelnd Helm und Jacke und schlendere zum Motorrad, um mich auf die Suche nach einem Campingplatz für die Nacht zu begeben. Als ich gerade losfahren will, entdecke ich plötzlich im Kartenfach des Tankrucksacks einen vergilbten Zettel von beinah pergamentartiger Konsistenz. Wie ein Strafzettel wegen Falschparkens sieht das nicht aus. Ich nehme das Papier zögernd heraus und falte es vorsichtig auseinander. In schöner, fast schnörkeliger Handschrift steht darauf geschrieben:

Von allen Gütern, die die Weisheit sich zur Glückse-
ligkeit des ganzen Lebens zu verschaffen weiß, ist
bei weitem das größte die Fähigkeit, sich Freunde zu
erwerben.

Dein Freund Epikuros

Quellen

Alle Zitate Epikurs wurden entnommen aus: Epikur. Philosophie der Freude. Briefe. Hauptlehrsätze. Spruchsammlung. Fragmente. Übertragen und mit einem Nachwort von Paul M. Laskowsky. Frankfurt a.M. und Leipzig (Insel Verlag), 1988.

Anregungen habe ich auch bezogen aus: Epikur. Von der Lust zu leben. Herausgegeben und übersetzt von Matthias Hackemann, Köln (Anaconda Verlag), 2007, sowie: Trost der Philosophie, von Alain de Botton, Frankfurt a.M. (Fischer Taschenbuch), 2002.

Wer sich eingehender mit Epikur beschäftigen möchte, der kann zurückgreifen auf: Epikur zur Einführung von Carl-Friedrich Geyer, Hamburg (Junius-Verlag), 2000.

Danksagung

Dank schulde ich, allen voran und posthum, natürlich dem weisen Philosophen Epikur, der mir ein angenehmer und anregender Begleiter auf dieser außergewöhnlichen Motorradtour war und ohne den es dieses Buch nicht gäbe. Dank sagen möchte ich aber auch meiner Frau Claudia für ihr gewissenhaftes Lektorat, Aufmunterung und kritische Kommentare, sowie meinem Sohn Calvin für seine Begeisterung für dieses Projekt: Er fand die Idee zu diesem Buch ‚cool', also habe ich es geschrieben. Richard Anacker, Jo Kintzel und Martin Ruster haben das Manuskript gelesen und wertvolle Anregungen gegeben, auch dafür ein herzliches Dankeschön!